給孩子的趣味中國史

宋

陳麗華 主編　　　顏苗苗　陳羽 繪

中華教育

給孩子的趣味中國史

宋

陳麗華 主編　　　　顏苗苗　陳羽 繪

責 任 編 輯　　✦　　王　　玫
裝 幀 設 計　　✦　　綠 色 人
排　　　版　　✦　　陳 美 連
印　　　務　　✦　　劉 漢 舉

出版　**中華教育**

香港北角英皇道 499 號北角工業大廈 1 樓 B
電話：(852) 2137 2338　傳真：(852) 2713 8202
電子郵件：info@chunghwabook.com.hk
網址：http://www.chunghwabook.com.hk

發行　**香港聯合書刊物流有限公司**

香港新界荃灣德士古道 220-248 號荃灣工業中心 16 樓
電話：(852) 2150 2100　傳真：(852) 2407 3062
電子郵件：info@suplogistics.com.hk

印刷　**美雅印刷製本有限公司**

香港觀塘榮業街 6 號海濱工業大廈 4 字樓 A 室

版次　**2019 年 11 月第 1 版第 1 次印刷**
　　　2021 年 4 月第 1 版第 2 次印刷

©2019 2021 中華教育

規格　**16 開（205mm x 170mm）**

ISBN　**978-988-8674-13-8**

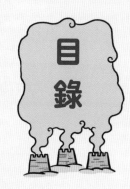

目錄

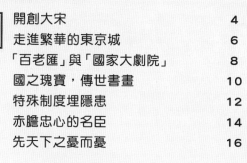

開創大宋

宋太祖趙匡胤用一場「騙局」得到了江山，又用一杯酒收回了兵權。

趙匡胤

陳橋兵變

後周皇帝柴榮一病不起，他去世後由年僅7歲的幼子即位。外敵入侵後周邊境，掌管後周兵權的趙匡胤帶兵北上，大軍在陳橋紮營休息。

晚上，士兵們呼呼大睡，幾個將領卻聚在一起悄悄商談。有人說，現在的皇帝那麼小，我們拚死拚活地打仗，將來又有誰記得？不如我們擁立趙匡胤做皇帝吧！沒過多久，消息傳遍了軍營，將士們被發動起來了。

黃袍加身

第二天天一亮，趙匡胤就被幾個將士披上早已準備好的黃袍，大伙跪在地上磕頭，高呼「萬歲」。趙匡胤假意推辭了幾次後，便接受了這個安排。趙匡胤回到開封，建立了北宋政權，史稱宋太祖。

趙匡胤稱帝後十分節儉，大宋的官服以樸素、儒雅著稱。

參見皇上。

哼，甚麼皇上，不過是個草包！

南方使者

北方使者

南征北戰

北宋經過十餘年的南征，完成了平定南方的大業。但北方邊境卻屢遭入侵，先後幾次北伐戰爭，宋軍都慘敗而歸。

治理水患

趙匡胤下令在黃河沿岸修堤築壩，並大量種樹；每年的正月、二月、三月，為黃河堤壩例修期。他在位的 17 年中，沒有出現過嚴重的水患。

杯酒釋兵權

趙匡胤在酒宴上給高級將領們敬酒，勸他們回家多買田地，享受天倫之樂。大臣們紛紛下跪表示願意將兵權交給皇上。

5

走進繁華的東京城

這個「東京」可不是日本的首都東京，而是北宋的都城 —— 開封。北宋的商業十分繁榮，出現了中國最早的紙幣交子。

衣：東京人穿甚麼

北宋服飾的主要特點之一是修身適體。東京城裏，無論是皇親國戚，還是一般的百姓，都穿得體的服飾。

火腿

桂花糕

食：吃在大宋

東京城裏有哪些好吃的呢？火腿、花鴨、炒蛤蜊、炒蟹⋯⋯據說光是麵條的做法就有幾十種呢！

牡丹餅

湯圓

住：茅屋與瓦房

北宋的民居以茅屋為主，也有茅屋與瓦房結合的住宅。

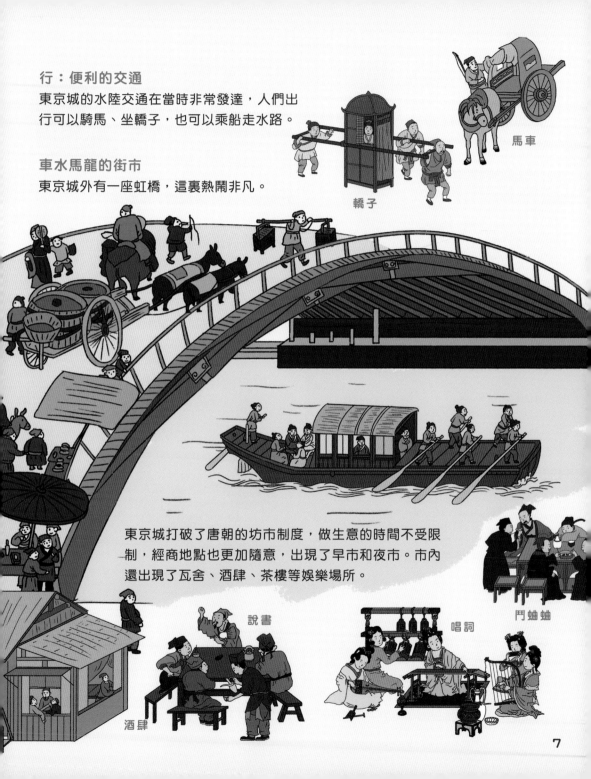

行：便利的交通

東京城的水陸交通在當時非常發達，人們出行可以騎馬、坐轎子，也可以乘船走水路。

馬車

轎子

車水馬龍的街市

東京城外有一座虹橋，這裏熱鬧非凡。

東京城打破了唐朝的坊市制度，做生意的時間不受限制，經商地點也更加隨意，出現了早市和夜市。市內還出現了瓦舍、酒肆、茶樓等娛樂場所。

鬥蛐蛐

說書

唱詞

酒肆

7

「百老匯」與「國家大劇院」

你知道嗎？「動畫片」和「音樂劇」早在北宋時就有了！

勾欄瓦舍 —— 宋朝的「百老匯」

瓦舍也叫瓦子、瓦市，是北宋城市裏的娛樂場所。勾欄是用欄杆圍起來的圈子，外面張貼着海報，是瓦舍裏的演出場所，相當於我們今天說的「百老匯」或「小劇場」。勾欄瓦舍裏面表演的都是甚麼呢？除了說書、唱曲，還有皮影戲和諸宮調等。

皮影戲一般用獸皮製成角色的形象，再將角色用光照出影子投在幕布上，人在幕布後面操縱角色並配音，就像動畫片，鮮活生動。

《三英戰呂布》

諸宮調是一種大型說唱藝術，因集若干套不同宮調的曲子輪番歌唱而得名。

皇家劇場不一般

說到娛樂活動，比起一般市民，皇家的娛樂活動可要氣派得多。每年的上元節和上巳（sì）節，在金明池畔，當朝皇帝會登臨寶津樓宴飲。

百戲在宋代多專指雜技及競技表演。

三月三上巳節，也叫「女兒節」，當晚全東京城的男女老少齊聚金明池，除了觀看百戲，還會放水燈——一排排燈籠順水而行，照亮了整個金明池，美麗極了。

國之瑰寶，傳世書畫

宋朝繪畫為中國繪畫發展的高峰，繪畫主題豐富、技法高超，山水、花鳥、人物等，無不栩栩如生，別有意境。

宋徽宗畫的鳥

蘇軾畫的怪石

趙孟堅畫的「歲寒三友」

《清明上河圖》為北宋畫家張擇端所繪，是中國傳世名畫之一，屬國寶級文物，現收藏於北京故宮博物院。

清明上河圖

《清明上河圖》生動記錄了北宋都城東京的城市風貌和當時百姓的生活狀況。在五米多長的畫卷裏，數量巨大的各色人物、車馬、建築等各具特色，栩栩如生。

《清明上河圖》是中國歷史上的傳世瑰寶，然而它的命運可以說是非常坎坷。最早，張擇端把它獻給了宋徽宗，宋徽宗非常高興，還在上面題字蓋章，但到靖康之變時這幅畫被金人搶走，後來又幾經輾轉才終於重見於世。

張擇端

宋徽宗

王希孟

北宋畫家，他可以稱得上中國繪畫史上僅有的以一幅畫而名垂千古的天才少年，18歲時就完成了《千里江山圖》長卷。

千里江山圖

《千里江山圖》是王希孟創作的江南山水圖，現收藏於北京故宮博物院。

《千里江山圖》以青綠為主色，以自然為主題，畫面細緻入微，動靜結合恰到好處。

蘇軾

黃庭堅

蔡襄　米芾

書法四大家

除了繪畫，宋朝的書法也聞名世界。成就最高的書法四大家「蘇黃米蔡」──蘇軾、黃庭堅、米芾（fú）、蔡襄的書法各具特色。

特殊制度埋隱患

北宋採用重文輕武的政策，文官享有很多特權，但這也帶來了
一系列問題：國家防禦力越來越弱，內憂外患不斷……

任性的皇帝

相傳，趙匡胤上朝時發現下面有官員竊
竊私語。退朝後，他命人在烏紗帽的兩
端穿上長長的鐵翅。戴上它，官員只能
面對面交談，如果並
排交談，鐵翅就會扎
到對方。這件事說明
趙匡胤很看重皇
帝的權威。

八牛弩

八牛弩是當時一種威力非常強
大的武器，北宋的將士曾使用
它戰勝過敵人。

文官當將軍，武官打下手

北宋的文官受到禮遇，武官受到
打壓，就連帶兵打仗的大權也由
文官執掌，武官只能充當副職。

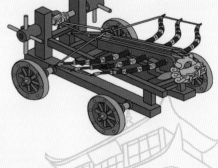

花錢買和平

北宋的戰鬥力越來越弱，在與敵國的戰爭中，北宋總是戰敗。皇帝只能靠花錢來向敵國換取和平。

「萬般皆下品，唯有讀書高」

北宋進一步完善了科舉考試制度，把皇帝親自錄取人才的「殿試」作為固定制度。通過殿試的考生成了皇帝的門生，身價迅速上漲。

北宋時起，參加殿試並被錄取的進士被稱作「天子門生」。

澶（chán）淵之盟

澶淵之盟是北宋與遼國打了很多年仗後締結的盟約。

在戰爭中，宋軍難得佔據了有利形勢。然而，北宋朝廷一心求和，還是簽下澶淵之盟，割地賠款給遼國。

赤膽忠心的名臣

北宋人才濟濟，包拯、狄青、楊業
等名臣的佳話傳頌至今。

開封有個包青天

包拯是歷史上最著名的清官之
一，曾做過開封府尹，人稱「包青
天」。

包拯鐵面無私、為民請命。後世
根據他的事跡改編或創作了很多
文藝作品。在戲曲《鍘美案》中，
包拯頂住公主和太后的壓力，處
死了拋妻棄子的駙馬陳世美。

陳世美

在古典小說《三俠五義》裏的故事《狸
貓換太子》中，包拯幫宋仁宗找到了親
生母親。李宸妃生下小皇子（宋仁宗），
卻被劉妃與太監郭槐用狸貓換走。多年
後包拯查明真相，宋仁宗將李宸妃接回
皇宮、頤養天年。

狄青雨夜奪崑崙

狄青遭到其他大臣的嫉妒
和排擠，後來抑鬱而終。

大英雄狄青

傳聞大將軍狄青長得非常俊美，
因此打仗時故意戴上恐怖的面
具，來震懾敵人。

崑崙關戰役中，狄青利用節日時
機，佈下迷陣，聲稱要在軍中
大宴將領三夜。狄青在第二夜宴
會期間中途退席，趁着雨夜的掩
護，率領軍隊偷襲崑崙關成功。

楊業的綽號叫楊無敵，
他鎮守邊關 8 年，使敵
軍不敢入侵一步。

楊業

楊延朗（延昭）　楊延浦　　楊延訓　　楊延玉　　　楊延環　　　楊延貴　　　楊延彬

楊門虎將

楊家一門名將輩出，着實令人敬佩。父親楊業、兒子楊
延昭、孫子楊文廣，都是歷史上著名的將領。

楊文廣

先天下之憂而憂

「先天下之憂而憂，後天下之樂而樂」，是我們耳熟
能詳的名句，它的作者是北宋的范仲淹。

寒窗苦讀的范仲淹

范仲淹幼年時家境貧寒，上學時便用小米煮
粥，隔夜粥凝固後，用刀切為四塊，早晚各兩
塊，再切一些鹹菜，就是他每天的飯了。一般
人不能忍受的困苦生活，范仲淹卻從不叫苦。
經過苦讀，范仲淹考上了進士，並入朝為官。

長煙落日孤城閉

宋朝邊境戰亂問題由來已久，范仲淹曾前往西北戰線，改革軍事
制度，調整用兵方式，令敵人不敢進犯。

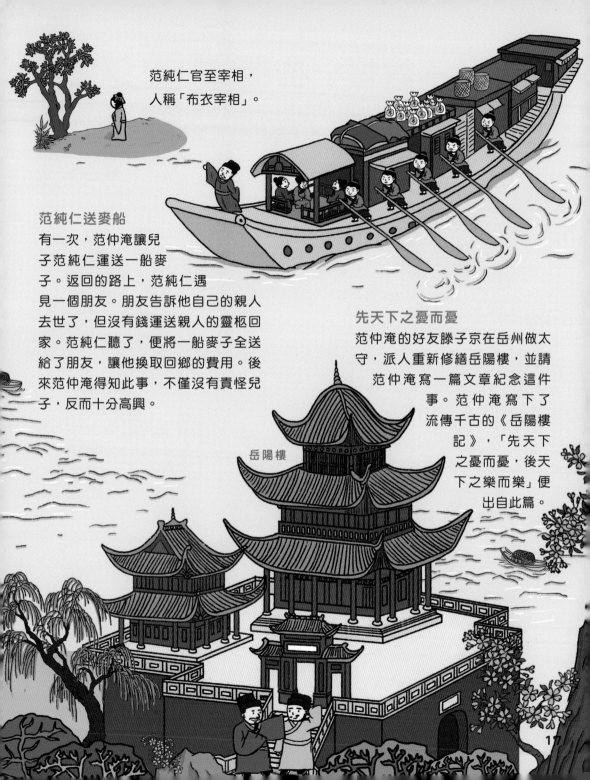

范純仁官至宰相，
人稱「布衣宰相」。

范純仁送麥船

有一次，范仲淹讓兒
子范純仁運送一船麥
子。返回的路上，范純仁遇
見一個朋友。朋友告訴他自己的親人
去世了，但沒有錢運送親人的靈柩回
家。范純仁聽了，便將一船麥子全送
給了朋友，讓他換取回鄉的費用。後
來范仲淹得知此事，不僅沒有責怪兒
子，反而十分高興。

先天下之憂而憂

范仲淹的好友滕子京在岳州做太
守，派人重新修繕岳陽樓，並請
范仲淹寫一篇文章紀念這件
事。范仲淹寫下了
流傳千古的《岳陽樓
記》，「先天下
之憂而憂，後天
下之樂而樂」便
出自此篇。

岳陽樓

17

「兩頭不討好」的變法

宋神宗給予王安石極大的信任和支持，甚至讓他當了宰相。然而，變法不僅沒有成功，還招來了上上下下的怨恨。

慶曆新政

北宋宋仁宗時期，邊境地區戰亂不斷，朝廷的收入養不起龐大的官僚隊伍，日子很不好過。為了擺脫尷尬的局面，宋仁宗開始改革，這就是慶曆新政。

王安石變法

慶曆新政失敗了，卻拉開了王安石變法的序幕。王安石為了讓北宋變得富強起來，推行了一系列新法。

青苗法

免役法

保甲法

反對！

反對！

反對！

官員向朝廷討官討薪。

王安石詠菊花，蘇軾犯了錯

蘇軾有一次拜訪王安石，看見一首未寫完的詩：「西風昨夜過園林，吹落黃花遍地金。」蘇軾想：「秋天，菊花怎麼會落英滿地？」他提筆續寫道：「秋花不似春花落，說與詩人仔細吟。」後來，蘇軾看到一種菊花，秋天果然是滿地落英，才知道是自己少見多怪了。

農田水利法

軍器監法

裁兵法

新舊黨爭

蘇軾和王安石不和，除了因為詠菊詩，還因為兩人持不同政見。王安石是主張變法的「新派」，而蘇軾則支持「舊派」——「舊派」的代表人物還有那個砸缸的司馬光。

> 我從小就知道砸缸，還用你教我變法！

司馬光

王安石

反對！

「好心」沒辦成「好事」

王安石變法的初心是好的，但是王安石的「倔脾氣」得罪了很多大臣，變法的手段又過於強硬，最終引起眾人的反對，變法失敗了。

一門父子三學士

蘇家三父子（父親蘇洵、長子蘇軾、次子蘇轍）被人稱為「三蘇」。他們的文章與才情歷來受到世人景仰。

中年發憤的蘇洵

蘇洵少年時沒有條件讀書，將近三十歲才開始用功。第一次考試落榜，讓蘇洵決心從頭再來。後來他和兩個兒子都中了進士，成為一代大家。

震古爍今的蘇軾

蘇軾是北宋最著名的大文豪之一，他不僅能寫詩、詞、散文，還擅長書法、音樂、繪畫、烹飪等。

但他好像不太擅長下棋！

蘇軾因反對王安石變法而被貶。有人拿出他以前寫的詩詞，咬文嚼字，挑出裏面「謀反」的字句。蘇軾因此被關進大牢，這就是「烏台詩案」。後來，眾人為他求情，蘇軾才被放出來，但仍然被貶到偏遠的地方。

東坡巾

蘇軾號東坡居士。東坡巾是當時文人雅士必備的「時尚單品」。東坡肉也是他發明的，酥酥糯糯的非常好吃。

蘇軾每到一處做官，都會為當地的百姓做很多實事。比如他在杭州修建的蘇堤，既幫助西湖減少了水患，還方便了交通出行，更有「蘇堤春曉」這一美景至今為後人所津津樂道。

蘇堤

溫和穩重的蘇轍

蘇轍的性情穩重內斂，不像兄長那樣跳脫張揚。和父兄一樣，他在文學、政治領域都取得了很高的成就。蘇軾和蘇轍從小一起長大，感情深厚。蘇軾的千古名句「但願人長久，千里共嬋娟」就源於他思念蘇轍的詞。

不想當官的科學家

沈括編撰的《夢溪筆談》，是一部涉及中國古代自然科學、工藝技術及社會歷史現象等方面的綜合性筆記體著作。該書在國際上也有一定影響力，被英國科學史家李約瑟稱為「中國科學史上的里程碑」。

敏而好學的沈括

沈括，浙江人，北宋政治家、科學家。沈括出身名門，他的父親和伯父都是進士，後來沈括自己也中了進士。

透光鏡

不過，沈括的仕途並不是很順利。後來他乾脆隱居在一個叫夢溪的地方，開始創作一部「百科全書」——《夢溪筆談》。

《夢溪筆談》裏還介紹了
畢昇的活字印刷術：

1. 在軟泥做的小方塊上刻反字。

2. 把刻好字的小方塊按
規律碼放好。

3. 根據書的內容將小方塊
排好隊，製成模具，然後
在模具上均勻塗墨。

抵過一個圖書館

《夢溪筆談》的內容涉及天文曆法、地理、
數學、物理、化學、生物、書畫鑒賞、音
樂、文學、醫學、軍事等各個門類學科。所
以你還會以為《夢溪筆談》是一本普普通通
的書嗎？不，它其實是一個包羅萬象的「圖
書館」！

4. 把紙鋪在模具上，用
力反覆壓幾次，要印的
文字就印刷出來了。

5. 印完以後，用火把
模板烤化，用手輕輕一
抖，活字就會脫落下
來，再放回原來的木格
裏，以備下次再用。

十二氣曆

立冬　小雪　大雪　冬至　小寒　大寒　立春　雨水　驚蟄　春分　清明　穀雨

霜降

冬

秋

春

傳世名瓷

鈞窯作品：
玫瑰紫釉海棠
式花盆托

汝窯瓷位列五大名瓷之首，當時被欽定為宮廷御用瓷。其色澤明亮而不刺目，被世人稱為「似玉非玉而勝玉」。

汝窯作品：
天青釉碗

哥窯作品特色：
「金絲鐵線」

官窯作品：
冰裂紋花口洗

官窯作品：
冰裂紋桃心洗

哥窯作品：蓮花碗

宋朝是傳統製瓷工藝發展史上一個非常繁榮的時期，宋朝瓷器，在中國乃至整個世界的歷史上都非常有名。

宋朝瓷器的主要特點是古樸深沉、素雅簡潔，同時又千姿百態、別具風韻。宋朝製瓷的五大名窯「汝、官、哥、鈞、定」更是享譽天下。

「孩兒枕」是瓷枕的一種樣式，以定窯燒製的最為精美。枕頭做成孩兒臥在榻上的樣子，以孩兒的背做枕面，故名「孩兒枕」。

定窯作品：孩兒枕

定窯作品：刻花碗

黑釉·剔花折枝梅紋長頸瓶

傳說宋徽宗做夢夢到大雨過後，遠處的天空有一抹天青色。醒來後，他寫下一句詩「雨過天青雲破處」，拿給工匠參考，讓他們燒製出這種顏色。最後汝州的工匠燒出了令宋徽宗滿意的天青色。天青色釉成為汝窯瓷器的典型特徵。

汝窯作品：天青釉弦紋樽

鈞窯作品：丁香紫出戟尊

25

路見不平一聲吼

你知道嗎？宋朝一共發生過大大小小幾百次起義，《水滸傳》裏家喻戶曉的「宋江起義」只是其中規模比較小的一次！

荒唐皇帝惹民怨

北宋後期，為了滿足宋徽宗的窮奢極欲，他手下的官員便剝削百姓，忍受不了的人們就開始反抗了。

方臘

有個叫方臘的豪紳，看不慣朝廷欺壓窮苦的百姓，就組織了一次起義。

然而起義以失敗告終，方臘及其家人不久後被凌遲處死。

真實歷史與《水滸傳》

《水滸傳》的故事家喻戶曉，其中的宋江等
著名人物可是歷史上真實存在的！

為了反抗窮奢極欲的宋徽宗，宋江召
集了 36 個人在梁山泊起義。
在《水滸傳》中，水泊梁山上有 108
位好漢。

真實的宋江起義規模比較小，只是北
宋諸多次起義之一。
《水滸傳》中的故事轟轟烈烈，故事
的結局也比較慘烈。

真實歷史中，宋江沒有接受朝廷的招安。
《水滸傳》中的宋江接受了招安。

無論是歷史上，還是在《水滸傳》
中，宋江起義都以失敗告終。

被「綁架」的皇帝

靖康年間，兩位皇帝被綁架，直接導致了北宋的滅亡。

當昏君遇到奸臣
宋徽宗重用蔡京等大奸臣，弄得朝廷裏烏煙瘴氣，天下民不聊生。

文藝的宋徽宗
宋徽宗昏庸，卻是一名資深「文藝青年」。他在書法、繪畫、詩詞、刻印等藝術領域都造詣頗深。

宋徽宗創造的「瘦金體」

繁杏遍開翔蕭其上
雅說容與自有一種
態度縱目觀之宛勝

宋徽宗在前輩書法家的基礎上，創造出獨樹一幟的「瘦金體」。「瘦金體」風格獨特，可以說是書法史上的獨創。

宋徽宗曾廣泛收集各朝各代的文物書畫，並讓大臣分門別類，編纂《宣和畫譜》等書。他還將畫院列入科舉制度中，以「野水無人渡，孤舟盡自橫」「嫩綠枝頭紅一點，惱人春色不須多」等詩句為題考錄畫師。

《宣和畫譜》

說好一起打仗，你卻拖了後腿

北宋和金國約定一起攻打遼國，勝利之後，燕雲十六州歸北宋所有。結果宋軍兩次大敗，最後金軍攻克了遼國，宋軍相當於拖了後腿。金國當然不肯把燕雲十六州給北宋，北宋只得到了幾座空城。

父親逃跑，兒子背鍋

後來，金國來攻打北宋。宋徽宗想棄國南逃，主事大臣建議他退位，傳位太子以平定戰亂。隨後，太子趙桓（宋欽宗）即位，第二年改年號為靖康。

> 兒啊，大宋的江山就交給你啦！

二帝被擄，宋室南遷

不久後，金軍圍剿了開封府，卻沒有立即攻入皇宮，而是在城邊上紮營，假意求和，把宋徽宗、宋欽宗騙到了營中。二帝被擄，成了金人的階下囚。開封城破，金人掠奪了城內大量金銀財寶。

> 經此一役，北宋滅亡。宋高宗趙構即位，遷都南京應天府，建立南宋。

29

拓展海上絲路

和都城一起，宋朝的經濟中心也向南移了。便捷的貿易使得「海上絲綢之路」更發達——中國的絲綢、茶葉、瓷器、珍珠等貨物遠銷海外，受到大力追捧。

兩宋是中國古代歷史上經濟繁榮的時代，農業、商業，以及紡織、造船、製瓷等技術都很發達。到了南宋，「海上絲綢之路」日益發達。

南宋的海外貿易超過了北宋，這主要來源於造船技術的日益成熟和政策的開放。在對外貿易中，輕巧便攜的紙幣逐漸取代了沉重的銅錢，除交子外，還發行了另一種紙幣會子。

羅盤

羅盤是古代的指南針，主要用於航海。

犀角杯

犀角杯是中國傳統酒具中最為珍貴的一種，宋朝時已經有了犀角杯的記載。

茶葉

宋朝的茶文化對後代影響深遠。

絲綢

宋朝的紡織、印染技術十分發達，宋朝的絲綢以製作工藝精美而揚名天下。

珍珠

人工養殖珍珠的記載最早出現在宋朝。

瓷器

宋朝瓷器在海外很受歡迎，被西方人視作中國的代名詞。英語中China（中國）的小寫形式意為「瓷器」。

抗金名將岳飛

岳飛是南宋名將，著名的軍事家、書法家、詩人，也是備受後世景仰的大英雄。

岳母刺字

岳飛自幼受母親悉心教導。長大後，他選擇從軍，岳母便在他的背上刺上「精忠報國」四個字，以提醒岳飛不忘初心，報效國家。

能文能武

岳飛不僅武功高強，而且熟讀兵法，還寫得一手好詞，他的代表作《滿江紅》至今為人們所傳頌。

岳飛北伐

岳飛率領岳家軍奮戰十餘年，收復了大片失地。很多百姓也自行加入岳家軍，甚至有了「撼江山易，撼岳家軍難」的說法。然而當時的皇帝宋高宗只想求和，強大的岳家軍最終敗給了「自己人」。

含冤而死

由於岳飛的名聲過大，招來了很多人的妒忌和詆毀。這其中就包括秦檜。

秦檜向皇帝進言，污蔑岳飛想要謀反，令本來就疑心岳飛功高蓋主的宋高宗更加認定岳飛「有罪」，下令將其召回。不久後，岳飛被賜死。

岳飛像

秦檜像

王師北定中原日，
家祭無忘告乃翁

辛棄疾和陸游，因詩詞聞名天下，然而，他
們真正的志向卻是帶兵打仗、收復失地！

辛棄疾的戎馬生涯

辛棄疾出生時，大宋的北方已經落入金人之手。
他從小立志要收復失地。22歲時，他召集了一
支兩千多人的隊伍投奔義軍，擔任掌書記。

辛棄疾曾寫下《美芹十論》等奏書
分析戰爭形勢，但並未得到軟弱的
南宋朝廷的支持。他被不停派到各
個地方，離戰場越來越遠。

備受打壓的辛棄疾只好隱居山林，
和朱熹等文人才子縱情山水。但他
始終難掩豪情壯志，寫下了許多表
達愛國憂民之情的名篇。

陸游的愛國情懷

陸游是南宋愛國詩人。他幼年時正逢北宋滅亡之際，金兵入侵的景象在他幼小的心裏留下了不可磨滅的印象，因此，陸游從小就立志要報效朝廷，收回失地。

據說，陸游與原配妻子唐琬青梅竹馬，十分恩愛。但陸游的母親不喜歡唐琬，逼迫陸游休了妻子。後來，兩人在沈園重逢，陸游十分傷感，在牆壁上提寫了著名的《釵頭鳳》一詞。唐琬看到後更傷心了，不久便抑鬱而終。

陸游進京參加考試，取得了第一名，秦檜的孫子名次位居陸游之下。從此陸游被秦檜嫉恨，在官場上非常不順。

陸游一生都盼望着南宋能收回被金人佔領的北方故土，他在臨終前的絕筆《示兒》中寫道：「王師北定中原日，家祭無忘告乃翁。」意思是囑咐子孫們當朝廷平定了北方後，不要忘記在祭拜時告知他。

愛思考的哲學家

宋朝非常重視教育，還出了很多著名
的哲學家、思想家。

理學奠基人 —— 二程

程顥（hào）和其弟程頤（yí）並稱「二程」，是北宋理學的奠基者。
後來他們的學說被朱熹繼承和發展，史稱「程朱理學」。

愛蓮花的君子 —— 周敦頤

周敦頤是北宋著名哲學家、文
學家，他獨愛出淤泥而不染的
蓮花，是宋朝儒家理學的開山
鼻祖。

與司馬光齊名的賢者 —— 邵雍

邵雍，北宋著名理學家、數學家、
道士、詩人。

司馬光和邵雍的良好品德遠
近聞名。北宋時，父親訓斥
兒子、哥哥教育弟弟往往說：
「你做不好的事，恐怕司馬先
生、邵先生會知道的。」

應天府書院，又稱應天書院、南京國子監等，曾是北宋的最高學府，也是中國古代書院中唯一升格為國子監（太學）的書院。

儒學集大成者——朱熹

朱熹，南宋著名理學家、思想家、哲學家、教育家、詩人。他是宋代儒學的集大成者，世人尊稱他為朱子。

陸九淵

朱熹

雖然朱熹與心學代表陸九淵的學術理念不同，但兩人互相欣賞，曾一起講學。

37

不安分的「鄰居」

宋朝雖然在經濟、文化等方面都很強盛，但軍力疲弱，加上周圍幾個鄰邦的不斷挑釁，讓兩宋在夾縫中求生存。

西夏

夏景宗

李元昊

李元昊是西夏的開國皇帝。西夏在多次戰爭中戰勝宋朝，奠定了宋、遼、西夏三分天下的格局。

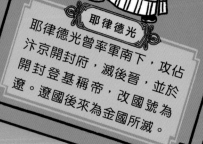

辽

遼太宗

耶律德光

耶律德光曾率軍南下，攻佔汴京開封府，滅後晉，並於開封登基稱帝，改國號為遼。遼國後來為金國所滅。

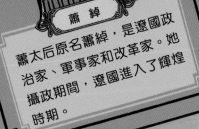

辽

蕭太后

蕭綽

蕭太后原名蕭綽，是遼國政治家、軍事家和改革家。她攝政期間，遼國進入了輝煌時期。

38

蒙古

成吉思汗

鐵木真

成吉思汗原名鐵木真。他在位時陸續征伐西夏、西遼、金、花剌子模等國。後來成吉思汗的孫子忽必烈建立了元朝。

金

金太祖

完顏阿骨打

金太祖完顏阿骨打統一女真諸部後起兵反遼，建立金國。金國先後滅掉遼國和北宋，但後來在南宋和蒙古的夾擊下滅亡。

北宋曾與金國聯合抗遼，後被金國所滅；到了南宋，又和蒙古一起抗金，最後卻被蒙古滅掉。

悲壯的崖山海戰

崖山海戰，又稱崖門戰役、崖門之役、崖山之戰等，是南宋軍隊與蒙古軍隊在崖山進行的大規模海戰，也是中國古代少見的大海戰。

聯蒙抗金

蒙古軍隊的戰鬥力越來越強，南宋就聯合蒙古共抗金國，最後金國被滅。

人生自古誰無死？
留取丹心照汗青。

文天祥

南宋著名的政治家、文學家、詩人。他在抵抗蒙古的戰爭中被俘，並且拒絕了蒙古勸他投降的號召，最終英勇就義。

40

崖山海戰

然而，南宋與蒙古的友好關係並沒有維持多久。強大的蒙古決定吞併南宋，於是揮兵南下。無力抵禦的南宋軍隊在崖山海戰中大敗。

南宋滅亡

大臣陸秀夫帶着宋朝的最後一個小皇帝跳入海中，南宋滅亡。

張世傑帶着小隊人馬南下抵抗蒙古軍隊。南下途中，蒙古多次派人招降，張世傑堅決拒絕。南宋滅亡後，張世傑也死於平章山下。

41

豐富多彩的娛樂活動

宋朝的文化娛樂項目非常豐富。雖然很多文人士大夫都曾寒窗苦讀十餘載甚至數十載，但對於「玩」這件事，他們也很在行。

圍棋

圍棋不是起源於宋朝，但興盛於宋朝。據說宋太祖趙匡胤也特別喜歡下圍棋，而且棋藝了得。

好玩又刺激的水鞦韆

水鞦韆將跳水與盪鞦韆結合——在彩船船頭立鞦韆，盪鞦韆時有鼓樂伴奏，當鞦韆盪到幾乎與頂架橫木相平時，人體脫離鞦韆翻跟斗入水。

蹴鞠——足球在大宋

蹴鞠類似於踢足球。《水滸傳》中太尉高俅的蹴鞠技術就很好。北宋時蹴鞠已經相當普及，從皇宮內院到平民百姓家，男女老少全民參與，是名副其實的「國民運動」。

太祖長拳

據說是趙匡胤發明的拳法，主要是為了強身健體。

小小紙鳶天上飛

紙鳶就是古代的風箏，以前主要作為通信工具，直到宋朝時放紙鳶才普遍作為娛樂項目興起。

古代「射擊」遊戲——投壺

宋朝人喜歡在酒宴或聚會時玩投壺遊戲。投壺是一種古老的遊戲，就是把箭向壺裏投，投中多的為勝。

射鵰射虎？射中靶心也不錯

據傳宋朝名將種世衡曾經設置獎金，獎勵他管理的城市中射箭能射中靶心的人，結果有一陣，幾乎全城的男女老少都練成了射箭高手！

玩累了就喝杯茶吧

茶文化在宋朝也很流行，不過點茶的工藝十分複雜，想喝茶得等半天呢！

說不盡的宋詞

宋詞是一種文學體裁，代表着宋朝文學的最高成就。宋朝時，宋詞是可以唱的，《蝶戀花》《水調歌頭》等詞牌名在那時就是不同的曲調。

了卻君王天下事，贏得生前身後名。
——辛棄疾《破陣子·為陳同甫賦壯詞以寄之》

辛棄疾

蘇軾

豪放派

以風格評定宋詞，視野廣闊、胸懷天地、氣象恢宏雄放是豪放派的特徵。豪放派代表詞人有蘇軾和辛棄疾等，他們的作品氣度超群，不受拘束。

大江東去，浪淘盡，千古風流人物。
——蘇軾《念奴嬌·赤壁懷古》

念橋邊紅藥，年年知為誰生？
——姜夔《揚州慢·淮左名都》

姜夔

「無門無派」的姜夔

南宋詞人姜夔（kuí），一生中多次參加科舉都沒有及第，因此沒做過官。他精通音律，文風清新高雅，與辛棄疾並列為南宋詞壇領袖。

金風玉露一相逢，便勝卻人間無數。
—— 秦觀《鵲橋仙·纖雲弄巧》

今宵酒醒何處？楊柳岸，曉風殘月。
—— 柳永《雨霖鈴·寒蟬淒切》

落花人獨立，微雨燕雙飛。
—— 晏幾道《臨江仙·夢後樓台高鎖》

柳永
他仕途坎坷，因為皇帝的一句
話自號「奉旨填詞柳三變」。

秦觀
他是蘇軾的學生，為人
和詞風一樣多愁善感。

晏幾道
他是晏殊的兒子，
一生仕途不順。

東籬把酒黃昏後，有暗香盈袖。
—— 李清照《醉花陰·薄霧濃雲愁永晝》

昨夜西風凋碧樹，獨上高樓，望盡天涯路。
—— 晏殊《蝶戀花·檻菊愁煙蘭泣露》

李清照
她是宋朝最著名的女詞人，與
丈夫趙明誠很恩愛，兩個人一
起收集金石書畫，還撰寫了
《金石錄》。

小楫輕舟，夢入芙蓉浦。
—— 周邦彥《蘇幕遮·燎沉香》

晏殊
他官至宰相，才華和能力都
是一流的。

周邦彥
他是婉約派集大成者，少年時
性情比較散漫，但喜愛讀書。

婉約派
婉約派的主要特點是婉轉含蓄，以表達男女情愛為
主要內容。婉約派的代表詞人有李清照、柳永、周
邦彥等。

世界大事記

1. 1016年，克努特成為英格蘭國王，隨後他還兼任了丹麥和挪威的國王，史稱「克努特大帝」。

2. 亨利三世廢黜了反對他的教皇格列高利六世。此後他又多次廢立教皇。

6. 1180～1192年，日本鎌倉幕府建立。關東武士首領源賴朝起兵反對平氏政權，後來源賴朝被任命為征夷大將軍，建立了鎌倉幕府。

7. 1096～1291年，十字軍東征。

3. 1054年，基督教會分裂，基督教正
式分裂成希臘正教與羅馬公教。

4. 1066年，法國諾
曼底公爵征服英國。

5. 11世紀，加納王國進入全盛時期。

8. 1108~1137年，法
國國王路易六世在位，
城市興起。

9. 1167年，牛津大學建立。

10. 1265年，意大利詩人但
丁出生，後來他成為歐洲文藝
復興時代的開拓者之一。

宋 大事年表

公元 960 年，陳橋兵變，趙匡胤稱帝，建立了北宋政權。

公元 961 年，杯酒釋兵權。

公元 976 年，宋太祖趙匡胤卒，弟趙光義即位，為宋太宗。

公元 1004 年，宋遼和議，約定宋每年向遼進貢，史稱澶淵之盟。

公元 1069 年，王安石變法開始。

公元 1084 年，司馬光《資治通鑒》書成。

公元 1127 年，靖康之變，宋高宗趙構定都南京，史稱南宋。

公元 1142 年，岳飛被害。

公元 1267 年，蒙古攻襄陽。

公元 1279 年，張世傑兵敗崖山，陸秀夫負帝投海，宋亡。

注：本書歷代紀元以《現代漢語詞典》（第 7 版）為參考依據。